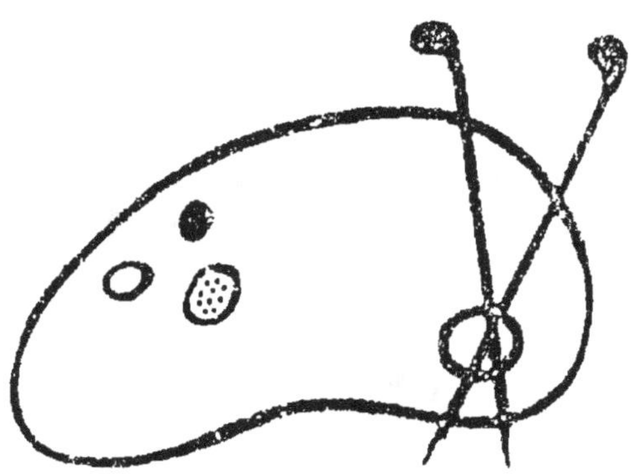

Début d'une série de documents
en couleur

LES
COMTES DE JAFFA ET D'ASCALON

DU XIIᵉ AU XIXᵉ SIÈCLE

PAR

M. L. DE MAS LATRIE

Extrait de la *Revue des Questions historiques*, Juillet 1879.

PARIS

LIBRAIRIE DE VICTOR PALMÉ, ÉDITEUR

Rue de Grenelle-Saint-Germain, 25

1879

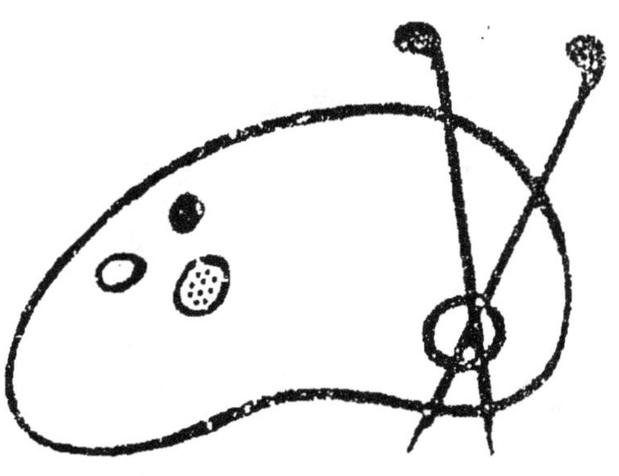

Fin d'une série de documents
en couleur

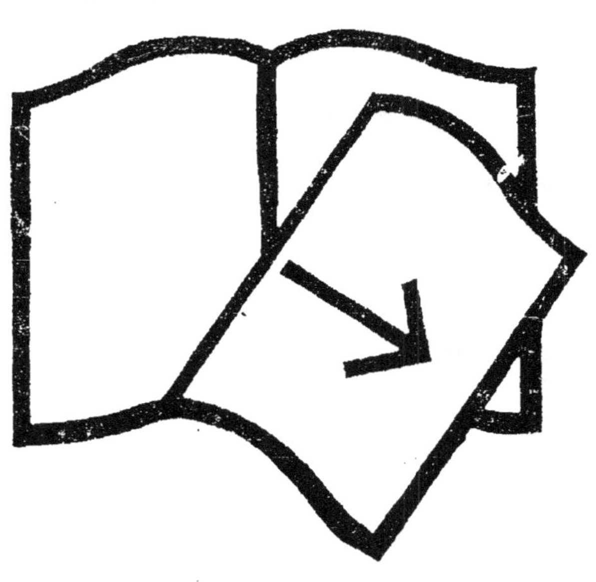

Couverture inférieure manquante

LES COMTES DE JAFFA ET D'ASCALON

LES

COMTES DE JAFFA ET D'ASCALON

DU XIIe AU XIXe SIÈCLE

PAR

M. L. DE MAS LATRIE

Extrait de la *Revue des Questions historiques*, Juillet 1879.

PARIS

LIBRAIRIE DE VICTOR PALMÉ, ÉDITEUR

Rue de Grenelle-Saint-Germain, 25

1879

BRUXELLES. — IMPRIMERIE A. VROMANT.

LES COMTES DE JAFFA ET D'ASCALON

DU XIIe AU XIXe SIÈCLE

Je n'ai l'intention d'écrire ici l'histoire ni des comtes ni du comté de Jaffa. Je me propose uniquement de dresser, en suivant l'ordre chronologique et en m'appuyant toujours sur des preuves choisies, la suite des personnages et des personnes qui ont porté et qui portent encore légalement le titre de comte de Jaffa.

Cette série se divise en deux périodes différentes. Le principe qui régit la transmission du titre et des biens ou des honneurs attachés au titre, pendant les deux périodes, est le principe de l'hérédité féodale, tel qu'il était réglé par les Assises de Jérusalem. La suite des Feudataires est cependant coupée durant cette première époque par d'assez fréquentes interruptions.

Ces lacunes proviennent quelquefois de l'insuffisance des documents, plus souvent de retours à la couronne du titre et des revenus seigneuriaux de Jaffa, par suite des confiscations, du défaut ou de l'absence d'héritiers. La série s'étend depuis Hugues du Puiset qui, le premier, reçut héréditairement le comté de Jaffa du roi de Jérusalem dans le second quart du XIIe siècle, jusqu'à Georges Contarini, qui en fut investi par la reine Catherine Cornaro, sa cousine germaine en 1474.

La seconde période date de Georges Contarini. La succession s'y est régulièrement et héréditairement continuée, en passant toutefois de la branche aînée à la branche cadette, jusqu'à nos jours.

Les présentes recherches ont naturellement pour objet principal les premiers temps de l'histoire de la Seigneurie.

La ville de Jaffa, appelée par les anciens Hébreux *Yapho,* nommée encore aujourd'hui *Yafa* par les Arabes, est l'ancienne *Joppe* des Grecs et des Romains. Les historiens latins des Croisades ont très diversement écrit son nom : *Joppe, Jope, Japhus, Japhet, Japeth* et *Japha.* Les Français ont prononcé et écrit : *Jaffe, Jafe* et *Japhe.* Les Italiens, depuis le xive siècle au moins jusqu'à nos jours, ont dit *El Zaffo,* en latin *Zaffus.*

Jaffa était le port naturel de Jérusalem, dont elle est éloignée de cinquante-huit kilomètres. Les foules pieuses du moyen-âge voyageant à pied mettaient généralement deux jours à parcourir cette distance, que la locomotive d'un chemin de fer va prochainement franchir en quelques heures.

Les croisés s'emparèrent de Jaffa dès l'an 1099, peu de temps après la prise de Jérusalem et à la faveur d'un mouvement populaire des chrétiens qui l'habitaient [1]. Restaurée et fortifiée par Godefroy de Bouillon [2], Jaffa fut réunie au domaine royal [3], et ne fut concédée féodalement par les rois de Jérusalem que sous le règne de Baudouin II (1118-1131).

Roger, sire de Rosoy, en Tiérache, au diocèse de Laon, l'un des preux de la première croisade, qui, tout boîteux qu'il fût, combattit si bravement à la prise d'Antioche [4], ne mérite donc pas l'honneur que lui accorde Du Cange [5] d'être inscrit en tête des vrais comtes de Jaffa. Comme Gérard, l'un des chevaliers de Baudouin Ier, Roger de Rosoy parait avoir été chargé seulement du commandement de la garnison de Jaffa et de la gestion des terres dépendantes de la ville, pour le compte direct des rois, à titre de prévôt ou de vicomte révocable [6].

La ville et la campagne d'Ascalon conquises sur les Sarrasins en 1153 furent ajoutées comme dépendance aux terres de Jaffa. Le comté s'accrut encore de la seigneurie plus ou moins effective d'Ibelin et de ses accessoires. Cette seconde annexion dut avoir lieu vers la fin du xiie siècle, à une époque où le château même d'Ibelin, enlevé par les Arabes en 1187, n'appartenait plus aux chrétiens. Elle fut effectuée probablement dès le temps même du célèbre Jean Ier d'Ibelin *le Vieux,* fils du dernier seigneur qui ait réellement possédé le château d'Ibelin. Jean fixa la résidence de la branche aînée de cette

---

[1] Baudry, *Hist. occ. des crois.,* t. IV, p. 110, variantes.

[2] Albert d'Aix, *Hist. occid.* t. IV, p. 514.

[3] Cf. Guill. de Tyr, p. 388, 407, 410, 454.

[4] « Rogier de Rosoy, qui cloce del talon. » *La chanson d'Antioche,* édit. P. Paris, t. II, p. 113, n. 3. Cf. t. I, p. 100.

[5] *Familles d'Outremer,* p. 338.

[6] Cf *Hist. occid. des crois.,* t. III, p. 534, variantes.

illustre famille, dont il était le chef, dans la ville de Beyrouth, son principal fief. La seigneurie d'Ibelin s'était elle-même augmentée, vers le milieu du XII° siècle, avant sa réunion à Jaffa, de la seigneurie de Rama, située entre Jaffa et Jérusalem, et de la seigneurie de Mirabel, qui relevait d'un château fort construit dans ces environs entre Jérusalem et la mer.

A l'époque où Jean d'Ibelin, l'auteur des *Assises*, neveu de l'ancien Jean, avec lequel Du Cange l'a confondu, fut créé comte de Jaffa par le roi Henri Ier, vers l'an 1247, comme nous l'établirons plus loin, le comté formait une vaste baronnie, la première du royaume de Jéru-salem proprement dit et devait le service de cent chevaliers à la couronne. Le 271° chapitre du Livre d'Ibelin en reproduit ainsi un ancien dénombrement : « La baronie de la contée de Japhe et d'Esca- « lone, de qui Rames et Mirabel et Ybelin sont, deit C. chevaliers ; « et la devise : de Japhe XXV chevaliers ; de Escalone, XXV che- « valiers ; de Rames et Mirabel, XL chevaliers ; de Ybelin, X cheva- « liers [1]. « Cette énumération se réfère certainement à un état de choses antérieur au temps auquel écrivait Ibelin.

Lorsqu'il reçut le comté de Jaffa et d'Ascalon, la ville d'Ascalon, si souvent assiégée, prise, démantelée et réparée, n'était plus vrai-semblablement au pouvoir des chrétiens. Enlevée en 1246 par Malec Sala Ayoub [2], après une vive résistance des Hospitaliers qui en avaient la garde, elle paraît être restée depuis aux Arabes. Jaffa traversa des péripéties non moins variées et non moins terribles. Prise et désemparée par Saladin en 1187, reprise et relevée par Richard d'Angleterre ; reprise par les Sarrasins en 1197, reconquise ensuite par les chrétiens, fortifiée en 1238 par Frédéric II et en 1252 par saint Louis, elle fut définitivement enlevée en 1268 par Bibars Bondocdar [3].

Nous n'avons pas à nous trop préoccuper de ces faits, en nous ren-fermant dans l'ordre des questions purement historiques et généalo-giques que notre intention n'est pas de dépasser. Si nous voulions rechercher quelle pouvait être la réalité des possessions et des obli-gations féodales indiquées par les documents, que de difficultés obs-cures et peut-être insolubles ne rencontrerions-nous pas? Pour en citer une, est-il possible que le roi pût exiger invariablement d'un vassal (du comte de Jaffa par exemple) les cent chevaliers de service inscrits à la charge de son fief dans les registres de la couronne, alors qu'une ou plusieurs parties de sa seigneurie (Ibelin ou Ascalon) étaient retombées au pouvoir de l'ennemi? N'est-il pas probable, n'est-il pas

---

[1] *Assises*, t. I, p. 422.
[2] *Contin. de Guill. de Tyr*, p. 433.
[3] *Contin.*, p. 73, 182, 198, 199, 372, 440, 447.

rendu évident par la nécessité que le roi devait, en ce cas, accorder, sur les revenus de la couronne, en Syrie ou en Chypre, des dégrèvements ou des indemnités proportionnés aux pertes éprouvées par le feudataire. Nous ne doutons pas qu'il en fût ainsi, mais nous n'avons pas en ce moment à en rechercher les preuves.

La transmission des titres, des honneurs et des prérogatives attachés aux seigneuries du royaume de Jérusalem, dont la plupart furent titulairement conservés en Chypre après la prise de Saint-Jean d'Acre, fut toujours réglée dans la théorie légale et féodale, d'une façon abstraite, sans qu'on tînt rigoureusement compte de la possession réelle ou de la perte des domaines auxquels ces avantages avaient été originairement attachés en Syrie. Les actes qui les concernent renferment quelquefois des formules générales indiquant que les stipulations s'appliquent à la seigneurie et à toutes ses dépendances présentes et passées, quand Dieu les rendra aux chrétiens.

Avant la perte totale de la Terre-Sainte, les Lusignan accordèrent aux grands vassaux syriens dépossédés par les conquêtes musulmanes des dédommagements sur leurs domaines de Chypre. Nous savons que les comtes de Jaffa possédèrent en cette qualité dans l'île de Chypre, et dès le milieu du xiiie siècle, trois villages situés dans différents districts. Nous ignorons quels furent les accroissements ultérieurs qu'ils obtinrent des rois après la destruction du royaume de Jérusalem. Il est possible que l'ensemble de leur fief chypriote ait été constitué géographiquement au xive siècle tel que nous le trouvons établi sous la République de Venise, qui conserva la plupart des titres nobiliaires de l'ancien royaume des Lusignan.

Au xvie siècle, le domaine du comté de Jaffa comprenait douze villages chypriotes. Autorisé en 1562 à vendre quatre de ces villages, Georges II Contarini les remplaça, vers 1567, par divers immeubles situés dans la ville ou dans le territoire de Venise. Après la conquête turque, qui suivit de si près ces acquisitions, les immeubles vénitiens achetés par Georges II représentèrent toujours le fief des comtes de Jaffa, tant pour la famille Contarini que pour la République, qui en reçut l'hommage et en donna l'investiture héréditaire suivant les prescriptions féodales en 1578, 1618, 1632, 1675, 1684, 1714, 1756, et pour la dernière fois le 13 septembre 1784. Nous avons vu les actes authentiques de toutes les inféodations.

Le cérémonial de l'hommage était, autant que possible, rendu conforme aux règles posées dans les Assises de Jérusalem [1]. A genoux aux pieds du doge, les mains dans les mains du prince, et au-dessus du livre des Évangiles ouvert sous leurs yeux, le comte disait à haute

---

[1] Cf. *Assises*, t. I, p. 313, chap. 295 ; et la relation du cérémonial de l'Investiture de 1784, dans les archives Contarini.

voix : « Seigneur, je deviens votre homme lige pour le comté de
« Jaffa, d'Ascalon, de Rama , de Mirabel et d'Ibelin , et tous autres
« fiefs auxquels j'ai succédé, et je promets de vous garder et défen-
« dre contre toutes choses qui vivre et mourir puissent. » Le doge
répondait : « Je vous reçois en la foi de Dieu et en la mienne, sauf
« tous mes droits. » Le doge baisait le comte sur la bouche et lui
donnait l'investiture en passant un anneau d'or à son doigt. Revêtu
peu après du manteau d'or, qui remplaçait les éperons de l'ancienne
fonction et complétait l'investiture, le comte de Jaffa prenait dès lors
rang en tête des chevaliers de l'étole d'or, la *Stola d'oro*, prééminence
qu'il conservait, en raison de son comté, dans toutes les solennités et
dans les séances du Sénat.

Je n'ajouterai qu'un mot avant de passer à l'énumération chronologique des comtes réels et des comtes titulaires de Jaffa. Les chevaliers
investis de la baronnie de Jaffa ont porté généralement le titre de *comte
de Jaffa* ou *comte de Jaffa et d'Ascalon*. Au xiie siècle, dans les premiers temps de la seigneurie, quelques-uns ont pris la qualification de
Prince ou de *Consul*. J'aurai l'occasion de rappeler ces faits à l'article
de Hugues du Puiset.

Après 1118-avant 1122. HUGUES Ier DU PUISET, *Hugo de Pusato,
de Puisatio,* ou *Hugo Pusiatensis,* baron français, ainsi appelé du
fief du Puiset, situé dans la Beauce, entre Étampes et Paris, dont il
était seigneur, nous paraît avoir été le premier comte héréditaire de
Jaffa. Il était fils d'Évrard du Puiset, qui, distingué de l'armée entière
aux sièges d'Antioche et de Jérusalem, disparaît néanmoins au milieu
du triomphe et de la conquête, sans qu'on trouve plus trace de lui [1].

Sa mère était Alix ou Adèle de Montlhéry, fille de Guy Ier de
Montlhéry, sœur de Mélissende dite *Bonne Voisine,* mère du roi Baudouin II. Il se mit en route pour la Syrie avec sa femme, alors enceinte,
quand déjà la prise de Jérusalem était répandue dans tout l'Occident.
Il s'arrêta en Pouille, où sa femme accoucha d'un fils (Hugues II),
qu'on laissa aux soins des Boémond ses parents, et reçut, presqu'à
son arrivée à Jérusalem, du roi Baudouin II, son cousin germain, la ville
et la seigneurie de Jaffa : *Cui rex, statim post introitum suum, civi-
tatem Joppen, cum pertinentiis suis, sibi et heredibus suis, jure he-
reditario dedit habendam* [2].

Ces faits, si formellement énoncés par Guillaume de Tyr, dévelop-
pés dans une dissertation spéciale du P. Paoli [3], ne permettent pas
de croire, avec les éditeurs des *Familles d'Outremer* [4] que notre Hu-

---

[1] Baudry de Dol, Raoul de Caen. *Hist. occ.*, t. III, p. 697 ; t. IV, p. 422 Cf.
La *Chanson d'Antioche*, t. I, p. 101 ; t. II, p. 112, 246 et suiv.

[2] Guill. de Tyr, l. XIV, c. 15, p. 628.

[3] *Codice dipl.*, t. I, 448-469.

[4] Page 339.

gues du Puiset, comte de Jaffa, soit le même personnage qu'un Hugues du Puiset, *Hugo de Puzath,* établi en Terre-Sainte dès le règne de Baudouin Ier et auteur de la donation faite en 1110 à l'ordre de l'Hôpital d'un domaine, situé dans les environs d'Ascalon [1] ; puisque notre Hugues vint seulement en Syrie sous le règne de Baudouin II, c'est-à-dire après l'an 1118, et qu'il fut aussitôt investi de la terre de Jaffa [2]. On ne sait s'il prit le titre de comte ou s'il se qualifia, comme son fils, de l'un des titres analogues usités à cette époque. Il mourut peu de temps après son établissement en Terre-Sainte [3].

Femme : Mabile ou Mamille de Roucy, fille de Hugues dit Cholet, comte de Roucy, au diocèse de Laon, qui lui survécut et qui apporta la seigneurie de Jaffa à son second mari Albert de Namur, frère du comte de Namur.

Enfant : Hugues II du Puiset, qui suit.

Avant 1122. MABILE DE ROUCY et ALBERT DE NAMUR. A la mort de Hugues Ier du Puiset, son fils étant trop jeune pour remplir les devoirs militaires et l'intérêt du royaume exigeant de ne pas laisser les fiefs sans service, le roi Baudouin II donna sa veuve, avec la terre de Jaffa, à un grand baron de l'évêché de Liège, qui se trouvait à cette époque en Terre Sainte : Albert de Namur, fils d'Albert III, ancien comte de Namur et frère du comte Godefroy de Namur, alors vivant [4]. Mabile et Albert moururent peu de temps après leur mariage [5], sans laisser d'enfants.

Avant 1122. HUGUES II DU PUISET, fils de Hugues Ier du Puiset et de Mabile de Roucy, ayant grandi en Pouille, se rendit en Syrie, sous le règne de Baudouin II, et réclama le comté de Jaffa, qui lui fut accordé par le roi [6]. La mort de sa mère et de son beau-père supprimait toutes les difficultés qu'aurait pu rencontrer sa revendication. Hugues était, d'après Guillaume de Tyr, un jeune homme très heureusement doué de la nature, brave, résolu, mais par trop fier de ses hautes parentés. Il se trouvait cousin de Mélissende de Jérusalem, fille du roi Bau-

---

[1] Paoli, t. I, p. 5.

[2] Paoli pense que ce premier Hugues du Puiset présent en Syrie dès l'an 1110 est celui qui, parti de France en 1104 avec Boémond d'Antioche, après avoir molesté les gens et les terres d'Yves, évêque de Chartres, finit par venir à récipiscence et prit même l'habit de l'ordre de l'Hôpital. *(Codice,* t. I, p. 852.) C'est peut-être le Hugues du Puiset, surnommé le Vieux, qui fut père d'un autre Hugues du Puiset, lequel fut comte de Corbeil *(Art de vérif. les dates),* mais qui ne put être comte de Jaffa, puisque le comté de Jaffa fut donné à Hugues, fils d'Évrard du Puiset.

[3] Guill. de Tyr, p. 628.

[4] Guill. de Tyr, XIV, 15, p. 628.

[5] *Modicum tempus.* Guill. de Tyr.

[6] Guill. de Tyr, p. 624

douin II, devenue reine par son mariage avec Foulques d'Anjou, attendu que Evrard du Puiset, vicomte de Chartres, son grand-père et le roi Baudouin II (père de la reine Mélissende), avaient épousé les deux sœurs : Alix et Mélissende de Montlhéry. Guillaume de Tyr qui s'étend beaucoup sur les démêlés de Hugues du Puiset avec le roi Foulques successeur de Baudouin II en 1131, le nomme toujours le *Comte de Jaffa*[1].

Le premier acte diplomatique que nous connaissions de lui est de l'an 1122 et lui donne le titre de Consul : *Hugo Joppensis consul*. De concert avec le roi, il y ratifie une donation faite à l'église de Naplouse par son connétable Barisan[2]. En 1124, le 8 avril, qualifié *Princeps Joppe*, il confirme une ancienne donation de sa femme Emma et de son premier mari Eustache Garnier, sire de Césarée[3]. En 1126, il gratifie lui-même l'ordre de l'Hôpital d'une terre située dans les environs d'Ascalon. La pièce donne lieu à quelques remarques techniques, qu'il n'est pas inutile de rappeler. Au commencement, Hugues est nommé prince de Jaffa : *Dominus Hugo, Dei gratia, princeps Joppe ;* néanmoins le notaire le désigne à la fin de l'acte par le titre de comte : *predictus Hugo comes ;* lui-même prend le même titre sur le sceau dont il scelle le document : *Ugo comes*[4]. Les pièces postérieures présentent les mêmes différences de rédaction, qui ne sont pas des contradictions. En 1128, il souscrit un diplôme royal : *Hugo Joppensis dominus*[5] ; il est nommé simplement *Hugo Joppensis* dans une charte de Guillaume de Tyr de l'année suivante[6]. En 1133, une pièce émanée de sa chancellerie l'intitule : *Ego Hugo Joppe dominus ;* elle est scellée avec les légendes : *Comes Ugo, Civitas Jope*[7].

Il résulte de tous ces monuments que les titres de *prince, consul, comte, sire* ou *baron*, traduction du terme spécial de *dominus*, avaient alors à peu près la même valeur féodale. Quelques ducs de Normandie des xe et xie siècles, Richard 1er notamment, ont été qualifiés *consuls*. Abélard et Orderic Vital emploient avec le même sens les mots *comes* et *consul*. L'auteur de l'ancienne histoire des comtes d'Anjou issus de Foulques le Roux a intitulé sa chronique : *Gesta Consulum Andegavorum*.

Un sentiment de jalousie maritale[8], que rien ne justifiait cependant, poussa le roi Foulques à de telles duretés à l'égard du comte de Jaffa,

---

[1] Guill. de Tyr, p. 628.
[2] Paoli, t. I, p. 236, n. 191. — Cf. Guill. de Tyr, p. 532.
[3] *Cartul. du S. Sép.* p. 223, n. 119.
[4] Paoli, t. I, p. 10-11.
[5] *Cartul. S. Sép.* p. 82, n. 44.
[6] *Cartul. S. Sép.* p. 139, n. 67.
[7] Paoli, t. I, p. 201.
[8] *Maritali zelo succensus inexorabile odium.* Guill. de Tyr, p. 628.

déjà peu enclin à la subordination, que celui-ci en vint à une révolte
ouverte contre son suzerain. Suivi de quelques fidèles, Hugues se retira
dans la ville d'Ascalon, qui appartenait encore aux Arabes [1]. Puis il
revint à Jérusalem. Mais, attaqué et blessé grièvement dans la rue des
Foureurs par un chevalier breton qu'avait indigné sa conduite, con-
damné par la haute cour à un exil de trois ans, il prit le parti de se
retirer en Pouille, où il était né et où le duc Roger II lui donna des
fiefs, dans la Capitanate. On croit qu'il y devint la souche d'une famille du *Puiset* ou *Puisac* qui se serait longtemps conservée dans le
royaume de Naples.

Guillaume de Tyr racontant les origines et l'éclat de la rupture de
Hugues du Puiset avec le roi Foulques en 1135, il est vraisemblable
que le comte quitta le royaume et cessa de posséder la seigneurie dès
cette année-là.

1135-1151. Le comté de Jaffa, réuni au domaine de la couronne
après la condamnation et le départ de Hugues du Puiset, ne fut de
nouveau inféodé que sous Baudouin III, en faveur du frère du roi, vers
l'an 1151.

1151. AMAURY Ier DE JÉRUSALEM , fils cadet du roi Foulques et de
Mélissende de Jérusalem, reçut le comté de Jaffa du roi Baudouin III,
son frère. On peut préciser l'époque de cette inféodation restée jusqu'ici
indécise. Amaury, dit Guillaume de Tyr, reçut le comté dès qu'il par-
vint à sa majorité, c'est-à-dire à l'âge où les jeunes seigneurs pouvaient
être armés chevalier et desservir un fief. Les Assises fixant l'âge de
la majorité féodale à 15 ans [2]; et Amaury étant né en 1136 ou 1137,
puisqu'il avait sept ans en 1144 à la mort de son père [3], on peut considérer comme à peu près certain qu'il fut créé comte de Jaffa en 1151,
vraisemblablement avant le 1er septembre. Et, en effet, nous trouvons
au cartulaire du Saint Sépulcre un acte de l'année 1151, 14e indiction, antérieur par conséquent au 1er septembre, dans lequel il souscrit ainsi : *Amalricus comes Jope* [4], tandis que, dans des actes de 1147
et 1150, il est simplement qualifié fils de la reine, frère du roi [5].

La ville d'Ascalon ayant été enlevée aux Arabes le 12 août 1153 [6],

---

[1] Guill. de Tyr, p. 628.

[2] « Sire, je ai quinze ans complis, » etc., *Assises.*, t. I, p. 259. *Hist. de Chypre*, t. I.

[3] Guill. de Tyr, l. XV, p. 701.

[4] *Cartul. S. Sep.*, n° 49, p. 90. Cet acte étant daté de la 14e indiction, est
vraisemblablement antérieur au 1er sept. 1151.

[5] Paoli, *Cod. diplom.* t. I, p. 26 et 28. Il faut remarquer cependant qu'en
1154 il souscrit encore quelquefois : *Amalricus frater regis*, p. 33, n. 30.

[6] Guill. de Tyr, l. XVII, p. 813. Le texte porte 1154 ; mais les savants éditeurs corrigent avec raison et proposent de lire 1153. Ascalon fut pris en effet
l'année de l'hégire 548, qui dura du 29 mars 1153 au 18 mars 1154. *Rec. des Hist.
des Crois. Hist. arabes*, t. I, p. 30, 490.

le roi la donna avec ses dépendances en accroissement de fiefs au comte de Jaffa, son frère. Le premier acte signalé dans lequel Amaury prenne le nouveau titre et ce titre seul, est du 14 janvier 1155 : *Ego Amalricus, per Dei gratiam, comes Ascalonis*[1]. Il n'ajoute pas la mention de la seigneurie de Jaffa, qu'il conserva cependant, et souscrit en divers actes royaux de 1155 à 1160 : *Amalricus frater regis et comes Ascalonitanus* ou *Amalricus comes Ascalonitanus*[2].

1163-1176. Amaury ayant succédé au roi Baudouin III, mort sans enfants le 10 février 1163, le comté de Jaffa et d'Ascalon fit de nouveau retour à la couronne et resta uni à ses domaines jusqu'en 1176, époque à laquelle il passa à Guillaume de Montferrat.

1176. GUILLAUME DE MONTFERRAT, surnommé *Longue Épée*, pourrait être appelé Longue Épée Ier, car d'autres que lui ont porté ce surnom dans sa famille. Il était fils aîné du marquis Guillaume III, dit le *Vieux*, et frère du célèbre Conrad de Montferrat, seigneur de Tyr, qui fut le compétiteur de Guy de Lusignan au trône de Jérusalem. Appelé du vivant de son père en Terre-Sainte par les chevaliers du pays, et par le roi lépreux lui-même, Baudouin IV, qui dans son malheur ne songeant à se marier, lui destinait sa sœur aînée, héritière de .a couronne, Guillaume arriva au port de Sidon vers le commencement du mois d'octobre 1176[3]. Avant l'expiration du quarantième jour qui suivit la date de son débarquement, le roi, conformément à sa promesse, lui donna en mariage sa sœur Sibylle, avec le comté de Jaffa et d'Ascalon. On comptait sur sa valeur et son habileté pour relever les affaires du royaume, quand une maladie subite l'enleva. Il mourut au mois de juin 1177[4] laissant sa femme enceinte d'un fils, qui fut le roi Baudouin V, ou Baudouin l'Enfant.

Le marquis Guillaume III vivait toujours. Il vint même en Syrie sous le règne de son petit-fils et fut fait prisonnier, en 1187, à la bataille de Tibériade. Guillaume Longue Epée, son fils aîné, comte de Jaffa et d'Ascalon, ne fut donc pas marquis de Montferrat, comme l'a écrit Du Cange[5], autorisé en apparence par ce fait que Guillaume de Tyr l'appelle toujours le *marquis Guillaume*[6] et que lui-même, suivant un usage fréquent en Italie surtout à l'égard des fils aînés, prenait dans le même temps que son père le titre de marquis, mais non point marquis de Montferrat. C'est avec cette qualité qu'il sous-

---

[1] *Cartul. S. Sep.*, p. 117, n. 59 ; Cf. n. 58, 60 et 61.
[2] *Cartul. S. Sep.*, n° 53, 54 et 55. Paoli, t. 1, p. 36, 37.
[3] Guill. de Tyr, l. XXI, p. 1025.
[4] Guill. de Tyr, p. 1026.
[5] *Familles d'Outremer*, p. 342.
[6] Guill. de Tyr, l. XXI, p. 1025.

crit un diplôme de Baudouin IV de l'année 1177, 10ᵉ indiction, vraisemblablement un des derniers actes dans lesquels paraisse son
nom : *Willelmus marchisius, Ascalonensis et Joppensis comes* [1].

1177. SIBYLLE DE JÉRUSALEM, fille aînée d'Amaury Iᵉʳ de Jérusalem et d'Agnès de Courtenay, veuve de Guillaume Longue Épée de
Montferrat, s'intitule dès l'année 1177 comtesse de Jaffa et d'Ascalon,
en faisant des donations pieuses pour le repos de l'âme de son mari :
*Sibilla, egregii Amalrici regis Iheruzalem filia, Dei gratia, Joppes
et Ascalonis comitissa* [2].

Elle garda exclusivement ce titre jusqu'à l'année 1180 [3], époque à
laquelle elle épousa Guy de Lusignan, qui devint ainsi par ce mariage
d'abord comte de Jaffa et d'Ascalon et peu après roi de Jérusalem.

1180. GUY DE LUSIGNAN. Au mois de mars 1181, Guy est inscrit
ainsi au premier rang des témoins d'un diplôme du roi Baudouin,
son beau-frère : *Dominus Guido Joppensis et Aschalonitanus comes* [4].
En 1182, il souscrit ou témoigne en divers diplômes : *Guido Joppes
et Ascalonis comes* [5], *Dominus Guido comes Joppes et Ascalonis*.

La mort de Baudouin V, en 1186, ayant déféré la couronne à sa mère
Sibylle et à son mari Guy de Lusignan, le comté de Jaffa se trouva de
nouveau rendu à la couronne et resta dans l'administration des
domaines royaux pendant les néfastes années de 1187 à 1192, qui
virent la captivité du roi Guy, la prise de Jérusalem, le sac et le
démantèlement des villes de Jaffa et d'Ascalon, tour à tour prises
et perdues par les chrétiens, malheurs qu'aggravaient encore la
désunion des chefs de l'armée des croisés.

1191. GEOFFROY DE LUSIGNAN, seigneur de Vouvant et de Mervant,
en Poitou, dit *Geoffroy à la grand'dent*, frère du roi Guy de
Lusignan, fut mis ou maintenu en possession du comté de Jaffa et
d'Ascalon par la convention du 27 juillet 1191, qui assura à Guy
de Lusignan, sa vie durant, les titres et les prérogatives de la royauté
de Jérusalem [6]. Suivant Roger de Hoveden et Benoit de Péterborough,
dont on a trop facilement suivi le témoignage, la convention de
1191 attribua à Geoffroy de Lusignan non-seulement le comté

---

[1] *Cartul. S. Sepulc.*, p. 308, n. 169.

[2] Paoli, *Cod. dip.*, t. I, p. 63.

[3] Guill. de Tyr, p. 1063. *Hist. de Chyp.*, t. I, p. 19.

[4] Paoli, t. I, p. 283, n. 3.

[5] Paoli, t. I, p. 71, 72. Le 24 février 1182, le roi Baudouin IV fait une donation à Jocelin comte d'Edesse du consentement de Guy de Lusignan et de sa
sœur Sibylle, *comte et comtesse de Jaffa et d'Ascalon*. Strehlke, *Tabul.
Theutonic.*, p. 14, n. 14.

[6] Ext. divers. D. Bouquet, t. XVII, p. 526. Cf. notre *Hist. de Chypre*,
t. I, p. 30.

de Jaffa, mais encore la seigneurie de la ville de Césarée [1]. L'auteur de l'*Itinéraire du roi Richard*, mieux informé, dit que Geoffroy reçut alors la cession (ou la confirmation) du comté de Jaffa et d'Ascalon [2]. Il ne parle pas de Césarée et nous savons en effet que cette ville appartenait alors aux descendants d'Eustache de Garnier. Les pièces diplomatiques constatent l'exactitude de la notion de l'Itinéraire du roi Richard et établissent en même temps que Geoffroy était en possesion du comté de Jaffa avec ses dépendances d'Ascalon avant la réunion de la cour plénière du mois de juillet 1191. Dès le 21 janvier 1191, Geoffroy de Lusignan agissait en effet comme comte de Jaffa : *Gaufridus de Lezig. comes Joppes* [3]. Le 10 février 1192, il souscrit ainsi un autre diplôme du roi Guy son frère : *Gaufridus de Lezigniaco comes Joppensis* [4]. Il quitta la Syrie peu après la prise de Saint-Jean-d'Acre et retourna en Europe sur la flotte du roi d'Angleterre, son suzerain, qui mit à la voile au mois d'octobre 1192 [5].

1194. AMAURY DE LUSIGNAN, connétable du royaume de Jérusalem, plus tard roi de Chypre, frère de Guy et de Geoffroy de Lusignan, était comte de Jaffa, et résidait dans la ville de Jaffa, à la mort du roi son frère, au mois d'avril 1194 [6].

D'après le continuateur de Guillaume de Tyr, il aurait reçu le comté du vivant même de la reine Sibylle, sa belle-sœur, ce qui nous ferait remonter au moins à l'année 1190, terme de la vie de la reine de Jérusalem. Plus probablement le comté ne fut donné à Amaury qu'après le départ de Geoffroy de Lusignan son frère, que nous avons vu en possesion de Jaffa durant les années 1191 et 1192, et par conséquent après la mort de Sibylle.

Devenu roi de Chypre, Amaury conserva le comté de Jaffa. Le roi Hugues III d'Antioche-Lusignan, son arrière petit-fils, le dit formellement lors des discussions qui eurent lieu à Saint-Jean d'Acre au sujet du service militaire devant le prince Edouard d'Angleterre : « Le roi Heimeri, mon besaïeul, qui estoit seignor de Japhe et rei de Chypre [7]. »

---

[1] Voy. notre *Hist. de Chypre*, t. I, p. 30, not. 4; où nous avions trop strictement suivi les indications de Roger de Hoveden et de B. de Péterborough.

[2] *Hist. de Chypre*, t. I, p. 30, n. 4.

[3] Paoli, t. I, p. 86, n. 69.

[4] Strehlke, *Tab. Theut.*, p. 24, n. 27.

[5] *Hist. de Chypre*, t. II, p. 22.

[6] *Contin. de Guill. de Tyr*, p. 208. L'erreur de quelques mss. nous avait fait d'abord croire qu'il s'agisait ici d'un comté de Paphos, *Baffe* ayant été écrit pour *Jaffe*. *Hist. de Chypre*, t. I, p. 120, n.

[7] *Assises*, t. II, p. 428.

Henri de Champagne, qui se considérait comme roi de Jérusalem sans vouloir prendre le titre ni les insignes de la royauté, ayant à se plaindre d'Amaury de Lusignan, confisqua le comté de Jaffa et le réunit au domaine. Peu après, vers l'an 1195 ou 1196 [1], le comte de Champagne cédant aux instances de la chevalerie et conservant toujours d'ailleurs la pensée de retourner en France, se rendit en Chypre afin de s'entendre avec Amaury au sujet de la connétablie de Jérusalem et d'autres questions qui les avaient mis en mésintelligence.

Dans l'accord intervenu entre ces princes pour sceller leur réconciliation, on arrêta entre autres conventions que les filles du comte Henri épouseraient les fils du roi Amaury et l'on affecta, par divers arrangements financiers, comme dot et douaire, le comté de Jaffa à celle de ses trois filles Marie, Alix ou Philippine qui épouserait le fils aîné du roi Amaury, Hugues de Lusignan, devenu roi de Chypre en 1205, à la mort de son père [2].

Alix de Champagne et Hugues Ier de Lusignan, qui furent mariés seulement en 1208, auraient donc quelque droit à être inscrits au catalogue des comtes de Jaffa, au moins à titre présomptif. Mais, vu leur jeune âge, le roi Amaury leur père traitait seul de leurs intérêts, et seul il réclama pour lui personnellement la saisine de la terre de Jaffa, qu'il ne reçut pas de suite. Il ne l'avait pas encore obtenue en 1197. Henri de Champagne ne se décida à lui remettre la ville de Jaffa qu'après une requête expresse et sur la nouvelle des préparatifs d'une attaque du côté des Sarrasins. « Le roi Amaury, dit l'un « des continuateurs, envoya un de ses chevaliers de Chypre nommé « Guillaume Barlas, père d'Amaury Barlas. Lequel vint au comte « Henri et lui requist de par le devant dit roi la saisine de Japhe, « ainsi qu'il li avoit en covenant. Ceste requeste plot au comte et « dist : Alés vos en à Japhe tantost, si vous en saisissez [3]. » Ces secours furent insuffisants ; Jaffa fut pris par les Arabes et Barlas fait prisonnier cette même année 1197, dans laquelle Henri de Champagne mourut à Saint-Jean d'Acre [4].

La proclamation d'Amaury de Lusignan comme roi de Jérusalem ayant suivi de près la mort du comte de Champagne, ce qui pouvait rester aux chrétiens des terres encore considérables dépendant de la seigneurie de Jaffa, en dehors de la ville de Jaffa, occupée par les Arabes, dut rentrer dans l'administration des domaines de la couronne

---

[1] Cf les variantes G. des *Contin. de Guill. de Tyr*, p. 213, et *Hist. de Chypre*, t. III, p. 597.

[2] *Hist. de Chypre*, t. I, p. 143, t. III, p. 597. Ces premiers accords peuvent bien être, comme je l'ai dit, de 1195 ou 1196.

[3] *Contin. de Guill. de Tyr*, l. XXVII, ch. II, p. 218-219, et les variantes G. Cf. *Assises de Jérus.* t. II, p. 428.

[4] *Contin. de Guill. de Tyr*, p. 219, 221.

et y rester jusqu'à la mort d'Amaury, survenue le 1er avril 1205.

1205. ALIX DE CHAMPAGNE et HUGUES Ier DE LUSIGNAN, roi de Chypre. Les royaumes de Chypre et de Jérusalem, unis depuis 1197, furent séparés à la mort d'Amaury de Lusignan. Hugues Ier, qui succéda à son père en Chypre à l'âge de 10 ou 11 ans, n'épousa qu'en 1208 Alix de Champagne, âgée alors comme lui de 13 ans environ ; il devint majeur et fut mis en possession effective de la royauté dans sa 15e année, en 1210 ou 1211.

Indépendamment des revenus de Chypre, les deux époux purent jouir, à titre distinct, et à partir de l'année 1208 au moins, de la partie des terres et des revenus de Jaffa, qui n'était point tombée au pouvoir de l'ennemi. C'est à cette période indéterminée que se réfère l'affirmation précise des Lignages déjà mentionnée, et qu'il est bon de reproduire ici textuellement : « Et dou conte Henri (de Champagne) « fu fille Aalis, que fu feme dou roi Hugue (Ier) ; et orrent en ma- « riage la conté de Japhe [1]. » Mais le roi Hugues ne dut pas garder longtemps le comté de Jaffa. Des arrangements, inconnus aujourd'hui, intervinrent vraisemblablement entre lui et Jean de Brienne, devenu roi de Jérusalem au mois de septembre 1209, par son mariage avec Marie de Montferrat.

Ces dispositions nouvelles durent faire rentrer le comté de Jaffa avec ses dépendances dans le domaine de Jérusalem, puisque les princes qui, à des titres divers, occupèrent après lui la souveraine autorité dans le royaume de Jérusalem, purent disposer du comté en faveur de son neveu Gautier de Brienne.

Après 1221. GAUTIER IV DE BRIENNE est appelé par Joinville Gautier *le Grand* [2], pour le distinguer de Gautier V, duc d'Athènes, son contemporain, petit-fils de Gautier le Grand. Il était fils posthume de Gautier III, comte de Brienne et de Lecce, dans la terre d'Otrante, qui avait épousé Alvire, fille de Tancrède, roi de Sicile. Il succéda en 1205 [3] au comte de Lecce, sous la tutèle de son oncle Jean, qui administra aussi la terre de Brienne avec le titre de comte à partir de 1205. Devenu majeur en 1221, Gautier prit lui-même le titre de comte de Brienne et rendit hommage en cette qualité au comte de Champagne dès 1222. Il se trouva en Italie en 1225 avec le roi Jean, son oncle, lors des scènes outrageantes de l'empereur Frédéric vis-à-vis de son beau-père, et revint en Champagne dans cette même année [4]. On ne sait à quelle époque il passa en Syrie, ni en quelles

[1] *Lignages*, ch. III, t. II, p. 444.
[2] Bouquet, t. XX, p. 204. De Wailly, 1874, § 88.
[3] M. Casotti, *Archiv. stor. ital.*, 2e série, 1859, t. IX, p. 8.
[4] *Contin. de Guill. de Tyr*, p. 306.

circonstances il reçut le comté de Jaffa. Peut-être fut-ce seulement en 1233, à l'occasion de son mariage avec la sœur du roi de Chypre.

Sa résidence habituelle en Orient fut la ville de Jaffa, et Joinville, venu en Terre Sainte peu de temps après sa mort, y entendit parler des courses fructueuses que le comte avait souvent dirigées de Jaffa même sur les terres des Sarrasins [1]. Gautier avait l'intention, réalisée depuis par saint Louis, de relever les fortifications d'Ascalon [2].

En 1239, il prit part à la première bataille de Gaza [3]. Fait prisonnier, au mois d'octobre 1241, par les Kharismiens, à la seconde bataille engagée non loin de cette ville, il refusa de rendre Jaffa et fut livré aux Sarrasins. Conduit au Caire avec les autres prisonniers, il périt, paraît-il, dans une altercation qu'il eut en jouant aux échecs avec un émir [4].

En 1247, on ignorait encore sa mort en France [5]. En 1251, les Sarrasins rendirent son corps à saint Louis, alors à Saint-Jean-d'Acre, et la dame de Sidon, Marguerite de Reynel [6], tante de Joinville et cousine germaine du comte de Jaffa [7], le fit inhumer en l'église de l'Hôpital d'Acre, à la suite d'un service solennel auquel le roi saint Louis voulut assister et venir personnellement à l'offrande [8].

Aucun de ses enfants ne s'étant fixé en Orient, le comté de Jaffa se trouva pendant quelque temps, et par une sorte de déshérence, placé sous la main du roi et géré comme terre royale. Il ne fut détaché du domaine qu'en faveur de Jean d'Ibelin, l'auteur des Assises, et à une époque mal déterminée, croyons-nous, que nous chercherons à préciser.

Femme en 1233 [9] : Marie de Lusignan, fille de Hugues Ier, roi de Chypre, et d'Alix de Champagne, sœur du roi Henri Ier.

Enfants : 1. Jean II, qui reçut, à la mort de son père, le comté de Brienne ; 2. Hugues, qui fut doté en Italie du comté de Lecce et qui succéda à son frère Jean, en 1261, dans le comté de Brienne ; 3. Amaury ou Eimery mort jeune, sans enfants.

Vers 1247. JEAN D'IBELIN l'illustre auteur des Assises de Jérusalem est appelé souvent Jean d'Ibelin *le Jeune,* pour le distinguer de son oncle *Jean d'Ibelin,* dit *le Vieux,* non moins célèbre que lui dans

---

[1] D. Bouquet, t. XX, p. 270 ; éd. de Wailly, n. 527 ; cf. *Contin.,* p. 531.

[2] *Contin.,* p. 532.

[3] *Contin.,* p. 539-544 ; *Hist. de Chyp.,* t. I, p 317.

[4] *Hist. de Chypre,* t. I, p. 387.

[5] D'Arbois de Jubainville, *Bibl. de l'Ec. des Chartes,* 1875, pag. 175, n. 174.

[6] Et non Marguerite de Brienne, comme dit Du Cange. *Fam. d'Outr.,* p. 347.

[7] Puisqu'elle était fille d'Ida de Brienne, sœur du roi Jean de Brienne. *Contin. de G. de Tyr,* p. 332. *Hist. de Chypre,* t. II, p. 356.

[8] Joinville. Bouq., t. XX, p. 261 ; Wailly, n. 466.

[9] *Hist de Chypre,* t. I, p. 304.

l'histoire d'Outremer sous le nom du Vieux Sire de Beyrouth. Ses qualités de comte de Jaffa et d'Ascalon et sire de Rama sont bien indiquées dans certains manuscrits des Assises : « lequel livre fist « le bon Johan de Ybelin, conte de Japhe et d'Escalone et seignor de « Rames [1]. »

Il était fils de Philippe d'Ibelin, frère du sire de Beyrouth, mort en 1227 ou 1228, régent du royaume de Chypre pendant la minorité de Henri Ier et d'Alix de Montbéliard, sœur de Gautier de Montbéliard, qui avait été régent de Chypre sous le règne de Hugues Ier, père de Henri Ier [2].

Aucun acte ne nous fait connaître d'une manière directe l'époque à laquelle il reçut le comté de Jaffa. On peut arriver cependant à déterminer l'année 1247, comme la date très vraisemblable de l'inféodation, par les raisons suivantes. Le comté ne put lui être donné avant que l'on fût informé à Saint-Jean d'Acre et de la mort certaine du comte de Brienne et de la résolution de ses enfants de rester dans leurs seigneuries de France ou d'Italie. La loi d'Outremer exigeant péremptoirement que l'héritier d'un fief comme l'héritier du royaume en requît personnellement l'investiture et fixât sa résidence en Orient [3], des actes durent établir l'inhabilité de Jean II et de Hugues de Brienne, fils de Gautier IV à succéder aux fiefs syriens de leur père. La concession du comté de Jaffa à un nouveau feudataire ne peut donc être trop rapprochée de l'année 1224, date probable, mais non certaine, de la mort du comte de Brienne.

D'autre part, la couronne de Jérusalem se trouvant elle-même dans une sorte de vacance, par le refus de Conrad, fils de Frédéric II, devenu majeur en 1243, de se rendre en Orient, le doute qui pouvait subsister sur le droit à exercer l'autorité souveraine n'était pas de nature à faire hâter la concession des grands fiefs devenus vacants. En 1244, la Haute Cour de Saint-Jean d'Acre, vu l'absence prolongée de l'héritier royal, se résolut à investir de la régence de Jérusalem, la reine de Chypre, Alix de Champagne, qu'assistaient ses oncles d'Ibelin [4]. La reine étant morte en 1246, et rien n'annonçant un changement dans les dispositions du roi Conrad, ou plutôt de Frédéric II, son père, les chevaliers de Saint-Jean d'Acre, sans vouloir encore proclamer un roi de Jérusalem, reconnurent dès l'année 1246 le fils de la reine de

[1] *Assises*, t. I, p. 11.
[2] *Lignages*, ch. 13.
[3] L'absence persistante de Conrad, fils de Frédéric II, héritier par sa mère Isabelle de Brienne du royaume de Jérusalem, fut la cause déterminante et légale de la forclusion de sa requête et de ses prétentions au royaume. *Hist. de Chyp.*, t. I, p. 325-326, 338.
[4] *Hist. de Chypre*, t. I, p. 324, 326.

Chypre, Henri Ier de Lusignan, comme *seigneur du royaume de Jérusalem*. Ce sont les termes des documents publics [1].

Le pape Innocent IV, en confirmant ce titre par une bulle du
17 avril 1247 [2], acheva de lever l'hésitation qui pouvait régner dans
une partie du clergé et des ordres militaires à lui voir user dans toute
sa plénitude du pouvoir royal. Il est possible que le roi Henri de
Lusignan n'ait pas voulu agir comme roi de Jérusalem avant la
reconnaissance de 1246 ou de 1247, mais il est certain que, dès cette
dernière époque, et sans s'attribuer encore le titre de roi de Jérusalem
que ses successeurs prirent seulement en 1268, à la mort de Con-
radin, le roi Henri exerça complètement le pouvoir souverain à Saint-
Jean d'Acre et dans toute l'étendue du royaume de Jérusalem. Or,
nous voyons Jean d'Ibelin, dès le mois de juin de cette dernière année
1247, se qualifier comte de Jaffa : *Je Johanns d'Ibelin, conte de Jahpe
et seigneur de Rames* [3]. La donation du comté qu'Innocent IV lui con-
firma en 1252 [4] est donc vraisemblablement de cette année même
1247, et non comme on l'avait supposé de 1250 ou 1251.

Jean d'Ibelin de Jaffa, que nous ne devons pas confondre avec Jean
d'Ibelin de Beyrouth, son oncle, posséda en Chypre, entre autres fiefs,
le beau village de Piscopi, près des ruines de *Curium*, si heureusement explorées par M. de Cesnola. Il posséda aussi le village de
Vassa, probablement *Vassa*, dans les montagnes de l'Olympe, au
district d'Audimou et un village de Peristéronari. Ces terres faisaient
partie de la dotation affectée par les rois de Chypre dans leur île, au
possesseur du comté de Jaffa, dont les domaines étaient incessamment
amoindris par les progrès des Sarrasins. En retrouvant parmi les
terres chypriotes données au xve siècle aux comtes de Jaffa, un village de *Platanissa voisin de la montagne de Peristéronari,* nous som-
mes portés à croire que le fief de ce nom, possédé par l'auteur des
Assises, est bien le village de Peristéronari situé dans les montagnes
du Lefca, village que les documents français désignent sous le nom
Presteron de la Mountaine [5], afin de le distinguer de *Presteron dou
plain*, qui est Peristéronari, terre du domaine royal, dans la plaine
de Morpho [6].

Le comté de Jaffa resta pendant plus de cent ans dans la famille de
Jean d'Ibelin.

La filiation est positive pour les trois premières générations : Guy,

[1] *Hist. de Chyp.*, t. I, p. 338.
[2] Rinaldi, 1247, § 55. *Hist. de Chypre*, t. I, p. 339.
[3] *Cartul. de Sainte-Sophie*, n. 49. *Hist.*, t. III, p. 647.
[4] *Hist. de Chyp.*, t. III, p. 649.
[5] *Hist.*, t. III, p. 234, et n. 3 ; 253, n. 7.
[6] *Hist.*, t. II, p. 541, n. 8 ; t. III, p. 199, n. 2 : 262, n. 504.

Philippe et Hugues. Jean II, le dernier titulaire connu de la famille, paraît très proche parent de Hugues, s'il n'en est le fils. De ces quatre comtes de Jaffa, on n'avait jusqu'ici que des mentions incertaines ou inexactes. Du Cange hésite même à considérer Guy comme appartenant à la famille des Ibelin. Les chroniques chypriotes de Machera, de Strambaldi et d'Amadi prouvent, en confirmant et éclairant les Lignages, qu'il était le propre fils de Jean Ier, l'auteur des Assises, Hugues, dont on cite ensuite isolément le nom, était directement le petit-fils du célèbre jurisconsulte. C'est cet opulent et généreux comte de Jaffa, que vit un voyageur allemand venu en Chypre au milieu du XIVe siècle, Ludolphe de Saxe, et dont la meute ne comptait pas moins de cinq cents chiens de chasse.

Nous ne connaissons pas les circonstances qui firent sortir le titre de comte de Jaffa de la famille d'Ibelin, après une possession plus que séculaire. Les documents font ici défaut.

Nous ne savons si le comté fut ensuite concédé par les rois viagèrement ou à titre héréditaire.

Nous le trouvons seulement porté toujours par de grands personnages de la noblesse et de la cour chypriote.

En 1375, Renier Le Petit, l'un des chevaliers commissaires de la Haute Cour, chargé, à la mort de Pierre Ier, de rechercher le meilleur exemplaire du livre des Assises du comte de Jaffa, est qualifié dans plusieurs actes comte de Jaffa : *Raynerius Le Petit comes Zaffi.*

De 1439 à 1460, Jacques de Flory ou Floury, prend part, comme grand maître de la maison du roi et *comte de Jaffa*, à différents actes publics considérables, qu'il est inutile d'énumérer. En 1460, après l'usurpation de Jacques le Bâtard et l'occupation de Nicosie, Jacques de Flory se renferma, avec la reine Charlotte et les chevaliers fidèles, dans le château de Cérines. Il fut ensuite envoyé par la reine à Constantinople pour demander des secours contre le roi Jacques. Il se trouvait en cette ville en 1463, quand un pacha, qui avait épousé une Cantacuzène sœur de sa femme, laquelle se nommait croyons-nous Florence, et qui était par conséquent son beau-frère, l'engagea à faire venir de Cérines Florence et ses enfants. Sa femme désirait les voir. Jacques promit, mais Florence ayant refusé d'aller à Constantinople, le pacha se vengea à la turque. Il fit tout simplement emprisonner le comte de Jaffa, et peu de jours après il ordonna de le scier en deux, et de le brûler [1].

Le roi Jacques le Bâtard, fort indifférent à ces malheurs domestiques, confisqua le comté de Jaffa, c'est-à-dire le titre du comté et les domaines qui en dépendaient, sur Jacques de Flory et les donna à l'un de ses partisans fidèles, Jean Perez Fabrice, qui fut ~~peu après~~ *ainsi*

---

[1] Georges Bustron, éd. Sathas, *Bibl. græc.*, t. II, p. 468 ; Florio Bustron Ms. de Londres, fol. 194 ; Cf. Lusignan, fol. 177, v°.

~~créé par lui comte de Carpas, dignité nouvelle~~ élevée par le roi usurpateur au premier rang des baronnies de Chypre, pour amoindrir l'influence des anciennes maisons. *Jacques le créa plus tard comte du Carpas*

Jean Perez Fabrice est l'aïeul maternel du célèbre P. Étienne de Lusignan, auteur de la *Description de Chypre* et de tant de généalogies inconsidérées, imparfaites, et pourtant si utiles encore. Isabelle de Fabrice, fille du comte de Jaffa, épousa Philippe de Lusignan, grand-père de l'historien de Chypre, qui était de la branche royale issue d'Henri de Lusignan, frère du roi Janus.

Jean Perez Fabrice laissa de sa femme, Apollonie de Pendaïa, noble chypriote, indépendamment d'Isabelle, un fils nommé Louis Perez Fabrice. Investi, au décès de son père, du comté de Jaffa, Louis ne tarda pas à le céder à la reine Catherine Cornaro, qui le destinait à son cousin germain Georges Contarini. C'est là l'origine du cavaliérat et du titre féodal de la grande famille qui avait déjà donné trois doges à la république de Venise.

1474. GEORGES Ier CONTARINI, fils de Thomas Contarini et d'Élisabeth ou Betta Cornaro, cousin germain de la reine de Chypre, fut créé par la reine comte de Jaffa et reçut la possession héréditaire des domaines attachés à ce titre le 10 février 1474, dans une séance de la Haute Cour, tenue à Famagouste [1]. L'acte dressé ce jour constate que le titre et les fiefs formant le comté de Jaffa et d'Ascalon, rachetés des héritiers de Jean Perez, après être restés deux ou trois jours réunis au domaine royal, pour constater les droits de la couronne, en furent détachés le 10 février et donnés ce jour même à Contarini en présence de la reine. Les lettres patentes de la concession furent expédiées le lendemain 11 février [2]. Mais déjà, au rapport de l'ambassadeur de Venise, Contarini avait reçu de la reine d'autres prérogatives et peut-être quelques terres [3].

La république de Venise ayant, peu de temps après, annulé toutes les concessions accordées par Catherine Cornaro depuis la mort de son mari, le comté de Jaffa rentra de nouveau dans le domaine public. Il fut rendu à Georges Contarini par une décision du Sénat du 30 mai 1476, qui a été publiée [4].

La décision des Prégadi modifia seulement les conditions de la donation première. De gratuite qu'elle était ou paraissait être, l'inféodation emporta dès lors, pour Contarini et ses descendants, l'obligation formelle d'entretenir dix cavaliers armés au service de la reine. Ce

---

[1] *Hist. de Chypre*, t. III, p. 367, n., et p. 368.
[2] T. III, p. 369, n. 1.
[3] T. III, p. 369, n. 1.
[4] *Hist. de Chypre*, t. III, p. 407. Cf. p. 369, n. .

n'était plus les cent chevaliers exigés au XIIIe siècle du comte Jean d'Ibelin.

La décision nouvelle ne dit rien des fiefs affectés au comté. On peut donc croire qu'ils restèrent tels que les actes de 1474 l'avaient décidé [1].

Outre divers droits féodaux et quelques terres dépendant de certains villages royaux, la dotation de Georges Contarini comprit les sept fiefs ou groupes de domaines suivants :

1. Platanistassa, village ou hameau dépendant, est-il dit, de la montagne de Peristéronari [2], et qui nous paraît répondre à Platanista, au sud de Morpho, et près de Peristéronari de la montagne, *Presteron de la Mountaine*, village dans lequel on peut reconnaître le Peristéronari appartenant au XIIIe siècle à Jean d'Ibelin, comte de Jaffa [3].

2. Dali, qualifié de *prastio*, qui est certainement la célèbre Idalie, si riche en antiquités phéniciennes et gréco-romaines.

3. Saint-Serge, village que des actes postérieurs désignent comme situé dans la contrée de la Messorée, et que nous pouvons par conséquent identifier avec Haïos Serghios, ou Haï Serghi, à 7 kilomètres au N. de Famagouste, au milieu même des ruines pulvérisées de Salamine.

4. Vavacigna, ou mieux Vavatzinia, village que j'aurais dû marquer, sur ma carte de l'île de Chypre, dans l'intérieur des limites de l'Orini, au bas du mont Machera, entre Pano Lefkara et Mathiatis. Vavatzinia avait appartenu au XIVe siècle à Jean de Montolif, chevalier marié par la reine Valentine Visconti à l'une de ses compagnes, venue avec elle de Milan.

5. Tochni [4], sur le Vasilipotamos, au sud de Lefcara et de l'Olympe.

6. Calopsida, dans la Messorée, entre Famagouste et Larnaca.

7. Enfin un groupe de villages ou de hameaux, mal déterminés et mal orthographiés, qui semblent dépendre, avec une abbaye de Sainte-Marguerite, de la montagne de *Polendria*, sans doute Pelentria, gros village grec dans les montagnes au nord de Limassol.

Platanistassa, Dali, Haï Serghi, et le groupe de villages du n° 7, avaient appartenu en tout ou en partie à Louis Alméric, l'un

---

[1] *Hist. de Chypre*, t. III, p. 368, n° 1. Complété par l'extrait du Livre des Remembrances de la Secrète royale de 1474, du jeudi 24 février 1473 (v. s.) existant dans les archives Contarini. *Processo. Rivendiche Feudali*, fol. 26-27.

[2] *Platanistassa, la quale è prastio d' la montagna de Peristrena (Peristerona?)* Extr. du Livre des Remembrances, 24 février 1473 (v. s.).

[3] J'avais supposé, avant de connaître le document précédent, que le Peristéronari d'Ibelin de Jaffa était Peristéronari de la Messorée, à l'E. de Lefkoniko.

[4] *El prastio de Tocni qual è presteria de Lefcara.*

des partisans de Jacques le Bâtard entré avec Jean Perez Fabrice dans le complot napolitain, et obligé, pour sauver sa vie, de s'enfuir de Chypre avec l'archevêque Louis Fabrice, à la fin de l'année 1473[1]. Comme on le pense bien, le gouvernement de Venise s'était hâté de confisquer tous ses fiefs ; il les employa à compléter la dotation du comte de Jaffa, sans prendre d'autres terres sur le domaine public qu'on appelait alors la *Réale*.

Georges Contarini mourut en Chypre vers 1510 et fut inhumé au monastère royal de Saint-Dominique.

Ses titres et ses dignités passèrent à son fils aîné Thomas. Thomas en reçut seulement l'investiture par un décret du sénat du 29 septembre 1526, inscrit aux Commémoriaux de la république. Un document authentique porte que ses fiefs de Chypre lui donnaient un revenu de 3,000 ducats.

De Thomas, ils passèrent à Georges II, son fils aîné.

De Georges à Thomas II, de Thomas II à Jules et de Jules à Thomas III.

La mort de Thomas III, décédé sans enfants en 1675, mit fin à la branche aînée et directe des Contarini de Jaffa, issue de Georges Ier, cousin germain de la reine de Chypre.

Le titre de *comte de Jaffa*, et le droit aux domaines qui en formaient autrefois la dotation, car les domaines appartenaient alors aux Turcs, passa à la branche cadette, dans la personne de Frédéric Contarini, petit-fils de Georges II, qui en reçut l'investiture de la République le 14 août 1675.

Les représentants actuels de cette seconde branche, — devenue la branche unique des Contarini de Jaffa, ou *Contarini dal Zaffo*, chez lesquels se conservent avec le titre de comte de Jaffa, des documents fort précieux remontant au règne de Catherine Cornaro et du roi Jacques le Bâtard, — sont aujourd'hui :

M. le comte Louis Gaspard Contarini dal Zaffo, confirmé en 1819 dans la possession du titre de comte de Jaffa, par le gouvernement autrichien ; marié en 1826 à Hélène Bentivoglio d'Aragon, des marquis de Magliano,

Et M. le comte Charles Louis Contarini dal Zaffo, leur fils, qui n'ayant pu, sans perdre sa nationalité, s'enrôler dans nos armées pendant la guerre de 1870, s'est renfermé dans Paris et a dignement secondé nos efforts pour aider la défense et soigner nos blessés dans les services civils.

[1] *Hist. de Chypre*, t. III, p. 403.

BRUXELLES. — A. VROMANT, IMP.-ÉDIT., RUE DE LA CHAPELLE, 3.